GUÍA DE LECTURA

Escrita por Flore Beaugendre
Traducida por Clara Raposo Romero

Jane Eyre

de Charlotte Brontë

CHARLOTTE BRONTË

- **Nacida en 1816 en Thornton (Inglaterra)**
- **Fallecida en 1855 en Haworth (Inglaterra)**
- **Algunas de sus obras:**
  - *Jane Eyre* (1847), novela
  - *Shirley* (1849), novela
  - *El profesor* (1857), novela póstuma

Charlotte Brontë nació en 1816 y se la considera una las novelistas más importantes de la lengua inglesa del siglo XIX. Nació en una familia modesta de Yorkshire. Tras la muerte de su madre en 1821, crece con su hermano y sus cuatro hermanas bajo la tutela de su padre, un pastor de amplia cultura. En 1846, da a conocer sus poemas y los de sus hermanas con seudónimos de hombres. Anne y Emily publican acto seguido *Anges Grey* y *Cumbres borrascosas* respectivamente. Sin embargo, los editores rechazan la primera novela de Charlotte: *El profesor*. En 1847, *Jane Eyre* se publica y consigue un éxito inmenso que se reafirma pronto con *Shirley* (1849) y *Vilete* (1853). Fue la última superviviente de la familia Brontë y murió en 1855, poco después de casarse.

JANE EYRE

UNA AUTOBIOGRAFÍA FICTICIA: LA VIDA DE UNA MUJER

- **Género:** novela
- **Edición de referencia:** Brontë, Charlotte. 1998. *Jane Eyre*. Madrid: Espasa, colección *Centenario*
- **Primera edición:** 1847
- **Temas:** amor, iniciación, determinación amistad, misterio, mujer, revuelta

Jane Eyre se publica en 1847 con el seudónimo Currer Bell. La novela impresiona al público por su heroína decidida y poco convencional, pero conoce un éxito considerable. Bajo la forma de una autobiografía ficticia, la autora presenta la historia de *Jane Eyre*, una joven huérfana, pobre y sin encanto que intenta encontrar su sitio en una sociedad que otorga poca importancia a las mujeres. Se hace institutriz y desafía las convenciones enamorándose del señor Rochester, su patrón. *Jane Eyre* es una obra emblemática de la literatura inglesa, como queda demostrado en las numerosas reposiciones y adaptaciones cinematográficas que se han realizado en torno a ella.

RESUMEN

CAPÍTULOS 1-4

Jane Eyre tiene 10 años y vive en Gateshead en casa de la señora Reed, su tía política, desde la muerte de sus padres y su tío. Es huérfana y pobre. No consigue que la acepten e incluso su tutora y sus primos la maltratan, sobre todo el cruel John Reed. Tras la última disputa con este, encierran a Kane en la habitación roja donde sufre alucinaciones y queda traumatizada. La niña es infeliz y se siente sola. Únicamente la institutriz le muestra un poco de cariño. En poco tiempo, la señora Reed decide deshacerse de su sobrina rebelde enviándola al internado del señor Brockhurst, un pastor tiránico.

CAPÍTULOS 5-10

Jane llega al austero colegio de Lowood donde no tarda en integrarse a pesar de las muchas prohibiciones. La directora, la dulce señorita Temple, intenta que la vida de los internos sea más llevadera. Jane se hace amiga de Helen Burns, una estudiante inteligente y piadosa. En primavera, el colegio se ve afectado por una epidemia de tifus que se lleva a la mitad de los niños. Helen muere en brazos de Jane. Tras este desastre, acusan al señor Brocklehurst de negligencia y la vida mejora en el internado. La heroína relata rápidamente los ocho años siguientes durante los cuales estudió para ser profesora en Lowood. Con 18 años, cansada de su monótona existencia, busca un puesto de institutriz y la contrata la señora Fairfax en Thornfield. Antes de marcharse, la visita

Bessie le comunica que el hermano de su padre ha estado buscándola.

CAPÍTULOS 11-16

Jane Eyre recibe una calurosa bienvenida en la casa de la señora Fairfax, la ama de llaves, y conoce a Adèle, su alumna, una niña francesa de 8 años. Jane escucha una risa demoníaca que viene el tercer piso, pero la señora Fairfax le asegura que son los gritos de Grace Poole, una sirviente que está un poco loca. Una tarde, durante un paseo, Jane se encuentra con un caballero herido y le intenta ayudar. Descubre que se trata del señor Rochester, el dueño de la propiedad. Se van conociendo poco a poco y el hombre le cuenta su historia.

Una noche, Jane escucha la risa alocada y se da cuenta de que se está incendiando la habitación de su patrón, al que salva la vida. Está convencida de que Grace Poole es la autora del desastre, pero el señor Rochester piensa que sólo ha sido un accidente. Tras ausentarse unos días, Jane se da cuenta de que siento algo muy fuerte por él.

CAPÍTULOS 17-21

El señor Rochester vuelve a Thornfield con un grupo de amigos aristócratas y obliga a Jane a que los acompañe. Jane, que no se siente muy cómoda con la situación, observa la complicidad entre su patrón y la señorita Blanche Ingram, una jovencita de gran belleza, pero arrogante e interesada. A medida que pasa la jornada, un tal señor Mason se une al grupo. Por la noche, alguien ataca brutalmente a este nuevo visitante: Jane sospecha que ha sido Grace Poole. Más tarde, el patrón le cuenta a la joven institutriz la historia de un hombre que se arrepiente de un error cometido durante la juventud. Este hombre debe superar un obstáculo social si desea vivir con la mujer que ama. Por supuesto, está hablando de sí mismo. Jane acude a Gateshead porque su tía se está muriendo. Esta le revela que le había hecho creer al hermano de su padre, John Eyre, que Jane estaba muerta cuando él le había comunicado su deseo de adoptarla y legarle su fortuna. Muere sin reconciliarse con su sobrina.

CAPÍTULOS 22-25

Un mes más tarde, Jane vuelve a Thornfield donde se muestra feliz de reencontrarse con su patrón, a pesar de la posibilidad de que se case con la señorita Ingram. Una tarde, ve al señor Rochester en el jardín, que le comunica que va a casarse con su novia y que Jane debe marcharse. Cuando Jane se desahoga, él le confiesa que quería provocarle celos y le pide matrimonio, a lo que ella acepta a pesar de su sorpresa. La boda debe celebrarse cuatro semanas más tarde. La manera en que el señor Rochester la idealiza y su generosidad la incomodan, por lo que decide escribir a su tío para que le ayuda económicamente y así aportar al matrimonio una cantidad equitativa. Tiene sueños agobiantes y malos presentimientos.

CAPÍTULOS 26-28

Cuando Jane y Rochester están a punto de darse el sí quiero, una voz se eleva y revela que la primera mujer de Rochester está encerrada en Thornfield. El matrimonio queda anulado y Rochester muestra delante de los asistentes a su mujer Bertha, cuya locura y peligro le han obligado a encerrarla en el tercer piso de la mansión. Le cuenta su pasado a Jane, pero Jane, a pesar del amor que siente por él, decide irse ya que se niega a vivir con su patrona. Durante tres días, va de un sitio a otro como si fuera una mendiga hambrienta y enferma, siendo rechazada por todos. Finalmente, consigue llegar a la vivienda de un pastor, St John Rivers, y de sus hermanas, que acaban acogiéndola.

CAPÍTULOS 29-32

Jane se recupera viviendo junto a las excelentes Diana y Mary y el distante St John. Sin embargo, se niega a contar su historia. St John promete que le encontrará un trabajo. Tras un mes, las dos hermanas deben volver a sus tareas de institutriz. Los Rivers descubren con cierta indiferencia que su tío John ha muerto y que los ha desheredado. Le ofrecen a Jane que trabaje como institutriz del pueblo. Rápidamente se da cuenta de que St John está enamorado de una jovencita, Rosamund Oliver. Sin embargo, no sucumbe ante él porque desea convertirse en misionero y viajar a las Indias. Una tarde, él observa algo en un dibujo que realizó Jane y abandona la habitación misteriosamente.

CAPÍTULOS 33-35

Una tarde de nieve, St John le cuenta a Jane la historia de una joven huérfana que el mundo entero está buscando porque debe heredar la fortuna de 20 000 libras que le ha dejado su tío John Eyre. La joven, impresionada, admite que es ella. Entonces, descubre que St John y sus hermanas son sus primos hermanos, que fueron desheredados por el tío de Madeira debido a una vieja pelea. Jane se siente muy feliz de haber encontrado una familia y comparte la herencia con ellos. Unos meses más tarde, como la señorita Oliver se ha casado y como el pastor debe marcharse a las Indias, este le propone a Jane que lo acompañe y se case con él para que le ayude en su misión divina. Impactada por su frialdad, rechaza la proposición. Entonces, el pastor la desprecia enormemente y la presiona para que acepte. Cuando está a punto de consentir tal sacrificio, escucha la voz de Rochester que la llama, liberándose de la fuerza de St John.

CAPÍTULOS 36-38

Jane se presenta inmediatamente en Thonrfield. Descubre una mansión devastada y averigua que un incendio ha destruido la vivienda. Bertha, la causante del drama, se suicidó poco después tirándose del último piso. El señor Rochester quiso salvar a los inquilinos, pero se ha quedado ciego y ha perdido un brazo. Desde ese momento, vive recluido en Ferndean, una propiedad que tiene en el bosque. Allí lo encuentra Jane; su amor sigue intacto. El señor Rochester acaba proponiéndole de nuevo matrimonio, aunque su discapacidad le hace dudar. Ella acepta. Se une en una ceremonia íntima y alcanzan una felicidad perfecta. Jane Eyre acaba su relato diciendo que lleva diez años casada. Rochester recuperó la vista y tuvieron hijos. Sus primas también se casaron y St John, todavía en Oriente, se consagró en cuerpo y alma a su misión, sacrificando así su existencia.

ESTUDIO DE LOS PERSONAJES

JANE EYRE

Jane es la narradora y la heroína de la novela, que presenta como si fuera una autobiografía. Nació de la unión entre la rica señora Reed y el señor Eyre, un pastor de estatus inferior. Ambos murieron cuando la niña era tan sólo un bebé. Huérfana y pobre, pasa su infancia en casa de su tía Reed, que la odia, y después en el internado Lowood, una institución muy austera donde la niña tiene unos comienzos difíciles.

A lo largo de la obra la autora insiste en su falta de belleza: la presenta como una niña pequeña, frágil y sin encanto, ya sea por las descripciones de la propia narradora o de los otros personajes. Sin embargo, la banalidad de su apariencia no refleja su personalidad: Jane Eyre es un personaje de contrastes. Es tímida pero no le falta valentía; sumisa, pero cree firmemente en su independencia; ingenua, pero muy sensata. En el internado, tras pasar una infancia en la que se destaca por su carácter rebelde, Jane supo adquirir valores remarcables como la lealtad y la generosidad. Sin embargo, bajo su aspecto reservado se esconde un alma apasionada, capaz de transgredir las normas y de experimentar grandes sentimientos. Su personaje evoluciona a lo largo de la novela, pero su integridad y sus principios son cuestionados continuamente, lo que la obliga a replantearse ciertos aspectos de su comportamiento. A la vez que busca la felicidad familiar, Jane aspira continuamente a la libertad – intelectual, económica y social –, oponiéndose a la rigidez de la sociedad victoriana.

EL SEÑOR ROCHESTER

Edward Rochester, hijo menor del señor Rochester, es el rico heredero de la propiedad de Thornfield. Tiene entre 35 y 40 años y con frecuencia la narradora lo describe como un personaje feo: «Bajo el gabán que vestía podía apreciarse la vigorosa complexión de su cuerpo. Tenía el rostro moreno, los rasgos acusados y las cejas espesas» (Brontë 1998, 144)

Como Jane Eyre, también presenta contradicciones: es severo y tierno a la vez, arrogante y atormentado por sus errores. Es apasionado, caprichoso y otorga poca importancia a las convenciones sociales. Tiene un pasado parecido al de la heroína: sus padres no le prestaban mucha atención y nunca tuvo un verdadero hogar. El señor Rochester presenta una trayectoria caótica. Emprendió muchos viajes y experimentó el libertinaje. Su destino está a merced de las mujeres.

Tuvo una relación devastadora con la bailarina francesa Céline Varens, una mujer promiscua que le dejó su supuesta hija, Adèle. Su matrimonio con Bertha Mason lo condena a la desgracia y le impide unirse con su alter ego, Jane Eyre, la mujer que podría salvarlo.

ST JOHN RIVERS

St John Rivers es el primo de Jane. Es el joven pastor de un pueblecito del campo. La narradora lo describe así:

«Este joven treintañero vive sólo para su ambición devoradora y para su entrega a Dios. Consigue un destino de misionero en la India y lo sacrifica todo, incluidos sus sentimientos y los de los demás, para llevar a cabo este proyecto. Es frío, arrogante y despectivo con aquellos que le reclaman su lado humano».

St John es la antítesis de Rochester: el primero es puro y se consagra a Dios, mientras que el segundo es pasión en estado puro; el pastor tiene los ojos azules transparentes y el patrón de Thornfield tiene una mirada de fuego; la belleza de uno contrasta con la fealdad del otro.

Casarse con Jane sería para John abandonar la pasión al provecho de principios espirituales. Para Rochester equivaldría a abandonar la moral para sumergirse en los devaneos de la pasión. No hay que olvidar que el joven primo de Jane es insípido y ridículo comparado con el oscuro Rochester.

BERTHA MASON

Bertha Mason es la hija de un inglés y una jamaicana. Por su belleza de juventud, sedujo al joven Rochester, con quien contrae matrimonio por la dote. Se casó con ella sin conocerla y rápidamente se da cuenta de que está loca.

Desde un punto de vista simbólico, el lector puede ver en ella la reclusión del matrimonio en una época en que la mujer estaba sometida al hombre y no podía existir por sí misma. De hecho, es interesante comparar el episodio del encierro de Jane en la habitación roja con la situación de Bertha en Thornfield. Parece ser un aviso para Jane, que se resiste a la unión con el apasionado y poderoso Rochester. Bertha Mason es la antítesis de Jane: representa la oscuridad y la violencia frente a Jane que encarna la luz y la dulzura; Bertha expresa su rabia y su miedo mientras que la joven institutriz reprime sus sentimientos y sus temores. No podemos seguir sin establecer un símil entre las dos mujeres: ambas se entregan a Rochester y el matrimonio con este hombre está destinado al fracaso.

PISTAS DE LECTURA

LA INFLUENCIA DE LA NOVELA GÓTICA

La novela gótica es un género literario que nació en Inglaterra a finales del siglo XIX. Por lo general, se considera que nació de Horace Walpole (escritor británico, 1717-1797), autor del *Castillo de Otranto*, y del gusto por el pasado y por la arquitectura gótica, consecuencia del movimiento romántico.

En la novela gótica encontramos espacios recurrentes: la intriga se desarrolla en lugares oscuros y tenebrosos (por ejemplo: los castillos, las iglesias, etc) y los problemas a los que se enfrentan los personajes alcanzan una dimensión mística y diabólica, como los secretos del pasado o incluso la naturaleza desenfrenada. Por tanto, la historia se desarrolla en un ambiente sobrenatural.

Jane Eyre retoma los elementos del género. Lowood, Moor House y Thornfield son lugares aislados donde las tormentas causan estragos. Thornfield, así como Gateshead, es una antigua mansión, con un laberinto de pasillos oscuros e inquietantes donde Rochester esconde sus secretos. Del mismo modo encontramos muchos episodios en que la narradora nos cuenta sus sueños, agobiantes y premonitorios la mayoría de ellos. Todos estos elementos recorren la novela y permiten crear la atmósfera propia de la corriente gótica. Charlotte Brontë introduce también escenas propias del género, sobre todo la de la habitación roja, donde la pequeña Jane cree ver al fantasma de su tío fallecido, experiencia que le marcará para siempre, o también cuando recibe la visita nocturna de Bertha Mason, que ella confunde con un vampiro: «¿Sabe lo que me recordaba? [...] La aparición de las leyendas germanas: el vampiro...» (Brontë 1998, 317). Sin embargo, podemos confirmar que la autora siempre ofrece las claves para encontrar una explicación a estos acontecimientos misteriosos: la luz que aparece en la pared de la habitación roja es un reflejo de un farol, el vampiro es en realidad la primera mujer de Rochester, etc. Sólo al final de la obra deja un regusto fantástico: el misterio de cuando escuchó la llamada de Rochester en Moor House se confirma y no tiene una explicación racional. Es tarea del lector interpretar este hecho sorprendente.

De este modo, *Jane Eyre* es sin equívoco heredera de la corriente gótica, también de la actualidad de la época en que Charlotte Brontë escribe su obra. Sin embargo, la autora no pretende escribir una novela de este género: utiliza principalmente características inherentes al género gótico para mantener el suspense y acentuar el romanticismo de la intriga.

UNA OBRA FEMINISTA

Jane Eyre propone un retrato de las condiciones de la mujer que no está exenta de feminismo. En la sociedad victoriana de la mitad del siglo XIX, la mujer no está en posición de obtener su libertad e independencia, lo que parece reclamar la heroína desde su más tierna infancia. Jane hace gala de una gran independencia de espíritu al construir sus propias opiniones. Del mismo modo, desea liberarse de la opresión social teniendo su propia fortuna, lo que le permitiría tener el mismo estatus que Rochester y considerarlo su marido antes que su patrón. Se alza contra las ideas heredadas que hace de las mujeres seres inferiores a los hombres. Encontramos en el capítulo 12 un párrafo particularmente atrevido y moderno para la época que reivindica la igualdad natural entre los dos sexos:

«Se supone generalmente que las mujeres son más tranquilas pero la realidad es que las mujeres sienten igual que los hombres, que necesitan ejercitar sus facultades y desarrollar sus esfuerzos como sus hermanos masculinos, aunque ellos piensen que deben vivir reducidas a preparar budines, tocar el piano, bordar y hacer punto, y critiquen y se burlen de las que aspiran a realizar o a aprender más de lo acostumbrado en su sexo» (Brontë 1998, 140-141).

Jane Eyre tiene que luchar constantemente para escapar de la opresión masculina, ya sea el despectivo señor Brocklhurst que intenta envilecerla, St John Rivers que quiere encerrarla en un matrimonio sin amor que no corresponde a su naturaleza, o incluso el señor Rochester, los tres igual de misóginos. Jane lleva a cabo con respecto a ellos dos actos que parecen particularmente feministas, el primero cuando rechaza que la engalanen con joyas y bonitos vestidos, ya que Jane piensa que de este modo está haciendo de ella un objeto suntuoso; el segundo cuando Jane lo deja al darse cuenta de que sólo es su amante y de que nunca tendrá el mismo estatus que él. Su valentía y su capacidad de abandonar la comodidad y la seguridad demuestran hasta qué punto confía en su dignidad y en su integridad y no nos puede extrañar que este desprecio a las normas sociales haya sorprendido a los contemporáneos de Charlotte Brontë. Sin embargo, hay que destacar que nuestra heroína consigue la independencia que tanto desea gracias a su tío. Así, la novela acaba en una posición paradójica: la joven Jane reivindica una libertad de espíritu y debe por ello escapar de los personajes masculinos que obstaculizan su camino, pero a pesar de todo, gracias a un hombre Jane puede cumplir sus deseos y recuperar el hombre al que ama.

Las reivindicaciones de Jane Eyre son por tanto simbólicas y parecen propios de la heroína. En cierto modo son un adelanto del feminismo, cuyo desarrollo es contemporáneo de la novela. Charlotte Maurat resumen de este modo el impulso de la autora: «Por primera vez, también Charlotte Brontë se convierte en la defensora de la emancipación de la mujer al anticiparse a su tiempo en su novela *Jane Fyre*. La conciencia y el sentimiento de sus derechos eran la manifestación de una mente clarividente y de un alma orgullosa» (Brontë 1998, Prefacio, 9).

LA RELIGIÓN

A lo largo de la novela la narradora se debate entre la búsqueda de la felicidad y sus deberes morales y religiosos, inculcados en su educación. El tema de la religión es de suma importancia en *Jane Eyre*. Está presente a través de tres personajes que encuentra la heroína, tres modelos que no le vienen bien. El reverendo Brocklhurst es el primer representante de dios que el lector encuentra. Muestra una austeridad y unas ideas muy estrictas: inflige privaciones a los internos para que aprendan el concepto de humildad, aplicando así el protestantismo evangélico. Sus preceptos están desprovistos de caridad, de compasión y de sinceridad. Si profesa la austeridad a los demás, hace gala de vanidad y lujo en su propio hogar. Utiliza la religión de una manera visible para subordinar a sus fieles. El enfrentamiento entre los métodos del tiránico Brocklhurst y el comportamiento de Helen Burns es sorprendente. La amiga de Jane profesa una fe sin límites y, sin embargo, no demuestra ser una persona hipócrita. Es tolerante y sumisa en extremo, y acepta sin pestañear cada injusticia como signo de la voluntad divina. Encarna el principio de la Biblia que sigue a continuación: «Si alguien te pega, ponle la otra mejilla». La joven Helen no considera otra felicidad que no sea la del Paraíso. St John Rivers, por su parte, ofrece una visión ambiciosa y fría, completamente entregada a sus ideales, a costa de todo sentimiento y todo valor humano. Proclama el sacrificio absoluto y es incapaz de sentir compasión. Robert de Traz expresa de este modo el aspecto negativo del personaje: «Pintar a un santo y mostrar la otra cara de su santidad es el propósito casi imposible de Charlotte que, sin embargo, ha llevado a cabo magníficamente (de Traz 1939, 135).

Jane no puede aceptar estas tres concepciones extremistas y caricaturescas de la fe ya que no se corresponden con su personalidad, pero no por ello es menos creyente. Consigue construir su propia concepción de la religión que le permita refrenar las pasiones desmesuradas y llegar un pleno conocimiento de sí misma, así como aplicar principios justos y morales. Al oponer las diferentes prácticas religiosas de los personajes, Charlotte Brontë ofrece una sátira vehemente de la hipocresía y de la vanidad de ciertos representantes de Dios, cuyos defectos quedan perfectamente encarnados en el personaje del señor Brocklhurst.

PISTAS PARA LA REFLEXIÓN

ALGUNAS PREGUNTAS PARA PROFUNDIZAR EN SU REFLEXIÓN...

- ¿En qué medida podemos ver una novela de aprendizaje en *Jane Eyre*?
- ¿Cuál es la influencia del romanticismo en la novela?
- Charlotte Brontë proyecta elementos autobiográficos en el personaje principal de la novela. ¿Cuáles son? ¿Podríamos calificar la obra de relato autobiográfico?
- ¿Cree usted que Jane Eyre es una narradora de la que podamos fiarnos? ¿Charlotte Brontë invita al lector a leer entre líneas? Explique su respuesta.
- La autora describe a Jane Eyre y al señor Rochester como personajes desprovistos de belleza. En su opinión, ¿qué revela esta insistencia de la autora en su poco agraciado físico?
- El tema de la madre sustituta es recurrente en la obra. ¿Cómo se manifiesta en la novela?
- Los personajes femeninos son numerosos en *Jane Eyre*. Explique en qué medida ofrece cada uno de ellos una visión diferente de la mujer.
- Encuentre las circunstancias de la oposición entre el fuego y el hielo. ¿Cuál es su significado?
- La opresión de las clases sociales y la transgresión de las convenciones son temas importantes en la novela. Analice la manera en la que aborda Charlotte Brontë este tema delicado.
- Analice el episodio de la habitación roja. ¿Cómo puede ser interpretado y cuál es su papel en la obra?

- Charlote Brontë manifiesta un cierto chovinismo en su obra. Desarrolle esta teoría analizando los personajes de Céline Varens y Adèle.

PARA IR MÁS ALLÁ

EDICIÓN DE REFERENCIA

- Brontë, Charlotte. 1998. *Jane Eyre*. Madrid: Espasa, colección *Centenario*.

ESTUDIO DE REFERENCIA

- de Traz Robert. 1939. *La famille Brontë*. París: Albin Michel.

ADAPTACIONES

- *Jane Eyre*. Dirigida por Robert Stevenson, con Joan Fontaine, Orson Welles, Elizabeth Taylor. Estados Unidos, 1944.
- *Jane Eyre*. Dirigida por Franco Zeffirelli, con Charlotte Gainsbourg, William Hurt, Maria Schneider. Francia, Italia, Estados Unidos, Reino Unido, 1996.
- *Jane Eyre*. Dirigida por Cary Fukunaga, con Mia Wasikowska, Michael Fassbender, Jamie Bell. Estados Unidos, Reino Unido, 2011.

www.resumenexpress.com

ISBN ebook: 9782806273888

ISBN papel: 9782806285874

Depósito legal: D/2016/12603/523

Cubierta: © Primento

Libro realizado por <u>Primento</u>*, el socio digital de los editores*